心が熱くなる
武将の名言

リベラル文庫

はじめに

命を賭けた戦い、敵を欺《あざむ》くための嘘や裏切り——戦国武将たちは、現代人には想像もできないような厳しい世界を生き抜きました。少しでも自分の支配地を広げ、やがては一国を、そして日本統一を成し遂げたいという途方もない夢がその原動力でした。そのために自分のすべてを賭けたのです。たとえ思い半ばにして斃《たお》れることがあっても、武将たちは熱い思いとともに生きた自らの人生を決して後悔しなかったでしょう。

この本には、そんな武将たちの熱い思いを伝える言葉が詰まっています。人が自分の夢のために必死に生きる姿勢は、戦国の世も今も変わりはありません。これらの言葉に触れることで読者の皆様がより熱く生きるきっかけになれば幸いです。

もくじ

第1章　仕事で活躍したい時

第2章　人をまとめたい時

第3章　自分に負けそうな時

第4章　人生に悩んだ時

第5章　気持ちを伝えたい時

第6章　武将列伝

第1章

仕事で活躍したい時

たとえ万戸候《ばんこにそうろう》たりとも、
心《こころ》にまかせぬ事《こと》あれば
匹夫《ひっぷ》に同《おな》じ、出奔《しゅっぽん》せん

前田慶次

人はそれぞれの思いや夢を実現しようとする時に、一番生き生きと輝きます。現在の仕事が、自分の思いや夢に通じているのであれば、その仕事を続ける価値はあるでしょう。

しかし、そうでなければ、自分の気持ちを殺しながら、つまらない人生を送ることにもなりかねません。それならば、いっそその場所を去り、自分の思いを生かせる場所を探すほうが賢明です。自分の思いを大切にして選択すれば、後悔することもないでしょう。

卑怯な手を使わない

我《われ》は兵《へい》を以《もっ》て
戦《たたか》いを決《けっ》せん。
塩《しお》を以《もっ》て敵《てき》を
屈《くっ》せしむる事《こと》をせじ

上杉謙信

人生は勝負の連続です。仕事でも内外にライバルがいて、息をつく暇さえないかもしれません。

しかし、たとえ厳しい勝負であっても、卑怯な手を使うことは避けるべきです。卑怯な手を使えば、勝てるかもしれませんが、それは勝利のための勝利になってしまいます。どんな仕事であっても、その目的は人々のためになることのはず。勝利は人々のための勝利であるべきです。卑怯な手を使って勝利しても、そのことで救われる人は誰一人としていないのです。

早い行動こそ運を呼び寄せる

吉日《きちじつ》をえらび、
方角《ほうがく》をととのえ、
時日《じじつ》をのがすこと口惜《くちお》しく候《そうろう》

朝倉孝景

吉日を待ったり、方角を選んだりするために、やりたいことや、やるべきことの期日を先延ばしにすることは、全く無駄なことです。運は素早い行動で引き寄せられます。なぜなら行動が早ければ早いほど、新しい展開が早く現れ、その分新たなチャンスも訪れやすくなるからです。

つまり早く行動すれば、それだけ多くのことを得られるのです。逆に日が悪いからなどといって先延ばしにしていると、運は遠ざかってしまうのです。

何事も自分のペースで進める

軍《いくさ》は敵《てき》の案《あん》に入《はい》らぬように
覚悟《かくご》すべし

鍋島直茂

相手のペースに合わせていると、何事も後手に回ってしまい、自分の思った通りに進められなくなります。そんなことを繰り返していると、自分の目標や理想を実現していけなくなるのは明白です。

目標や理想を実現したいのであれば、何事も自分から決めて、先手を打ち、自分のペースで物事が進むように心がけなくてはなりません。思い立ったらすぐに積極的に動くことが、成功の基本なのです。

時には諫言が大きな成果となる

主人《しゅじん》の悪事《あくじ》を見《み》て諫言《かんげん》する家老《かろう》は、
戦場《せんじょう》にて一番槍《いちばんやり》を突《つ》きたるよりも、
遙《はる》かに増《ま》したる心緒《こころね》なるべし

徳川家康

上司が間違いを犯そうとしている時に、それを諫《いさ》めることは、どんな成果をあげることよりも、評価すべき行動です。

相手が高い地位であればあるほど、その人も周囲もその力を過信してしまい、間違いを正すことが難しくなります。そのまま進めば組織全体がつぶれてしまうことにもなりかねません。それを防ぐ行動が、上司の間違いを諫めることなのです。

そのためには、世の中にとって何が大切なのかという広い視点を常に持つことが必要です。

急ぐ時こそ、着実に進める

急用《きゅうよう》のことなり、静《しず》かに書《しょ》すべし

小早川隆景

急な仕事は、時間を気にして慌ててやってしまうものです。

もちろん時間を守ることは大切ですが、仕事の目的は「慌てること」にあるのではありません。それぞれの仕事の目的を達成してこそ、完全にやり遂げたといえるのです。


慌ててやったことは、ただ単に早くやり終えただけにすぎません。時間を守り、仕事をやり遂げることとは全く違います。

急いでいる時こそ、その仕事のポイントをしっかりと押さえて、着実に進める必要があるのです。

自分を過信しない

常《つね》に不《ぶ》功者《こうもの》なりと思《おも》えば、
仕《し》そこないなきものなり

加藤嘉明

人は誰でも、間違いや失敗を犯します。それを最小限にとどめるためには、自分を過信しないことが大切です。自分のことを過信していると、十分に注意しているつもりでも隙ができてしまい、知らないうちに大きな失敗を犯してしまうかもしれません。

自分はいつも失敗ばかりしてしまう未熟者だと気をつけていれば、失敗や間違いもぐっと減るはずです。自らを戒めることが、失敗を減らすのです。

物事の成否はやる気で決まる

夫《それ》戦《いくさ》の勝敗《しょうはい》は兵《へい》の多少《たしょう》にあらず

木村重成

物事の成否は、人数や富の多さで決まるのではありません。メンバーのやる気次第です。どれだけ人数や道具をそろえても、メンバーにやる気がなく、気持ちがバラバラでは、何も達成できないでしょう。

では、やる気を高めるにはどうすればいいのでしょうか。先頭に立つものが目標を明確にし、メンバーを鼓舞し、気遣い、現場をリードしていくことが必要なのです。そうすれば、たとえ少人数でも多くの知恵や力が生まれ、目標を達成できるでしょう。

気持ちが勝負を左右する

負《ま》ける負《ま》けると思《おも》えば負《ま》け
勝《か》つ勝《か》つと思《おも》えば
勝《か》つものなり

豊臣秀吉

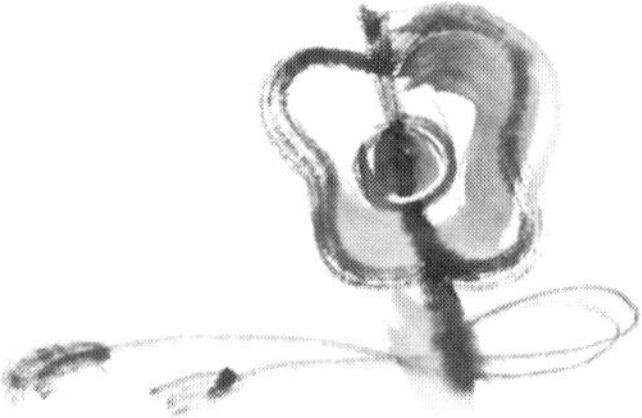

きっと負けるだろうと自分で思っていれば、その通りに負けてしまいます。勝つだろうと思っていれば、やはりその通りに勝つものです。

自分が負けるだろうという思いは、力を抜くことの言い訳になり、最初から逃げ腰になってしまうのです。一方、必ず勝つと思えば、あらゆることに積極的になり、先手先手で事を進められます。

勝負に対する気持ちの持ちようが、自然に行動や努力に現れ、勝敗を決めてしまうのです。

素早く、静かに、激しく、動じず

風《ふう》林《りん》火《か》山《ざん》

武田信玄

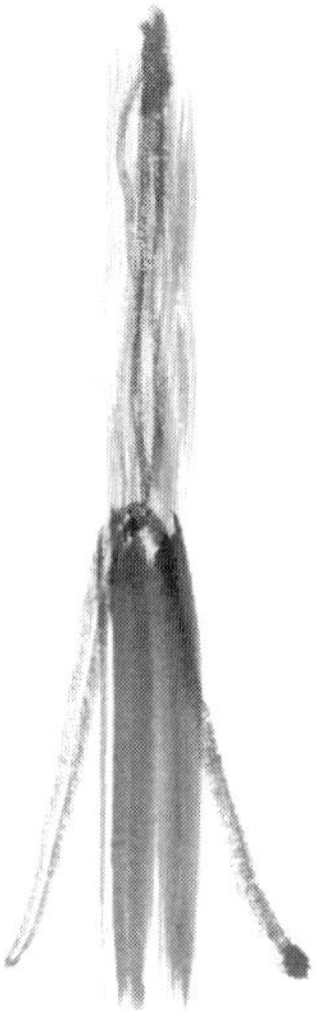

行動を起こす時は、「風」のように素早く。そうすれば相手に先んずることができます。また、「林」のように静かに。相手に気づかれずに事を進められます。そして最後は勢いに乗って「火」のように激しく。それで勝負を一気に決します。もし困難や抵抗にあっても、「山」のように動じない。すると相手は、やがて抵抗の気力をなくしてしまうでしょう。

状況に応じて自らの動きを変化させ、相手の虚を衝《つ》く。これが勝負に勝ち、成功するための秘訣です。

人々を幸せにするなら嘘も必要

仏《ほとけ》の嘘《うそ》をば方便《ほうべん》といい、
武士《ぶし》の嘘《うそ》をば武略《ぶりやく》という

明智光秀

本来、嘘は慎むべきもの。しかし、どんな時にでも馬鹿正直に生きていては、むしろ目的から遠ざかってしまうこともあります。例えば僧や哲学者ならば真実をつかむために、武将なら勝利を得るために嘘をつく時もあるでしょう。それが目的を達成するために理にかなうものであれば、嘘も必要なものといえます。

問題は、その嘘によって得られるものが、どれだけ多くの人に支持されるかです。つまり、人々を幸せにできる嘘かどうかが大切なのです。

平常心を保つには練習を繰り返す

平常心《びょうじょうしん》をもって
一切《いっさい》の事《こと》をなす人《ひと》、
これを名人《めいじん》というなり

柳生宗矩

物事を上手にこなす人は、どんな時でも平常心を保っています。どれほど練習して準備をしていても、本番で平常心が保てず動揺してしまっては、うまくいきません。平常心を保つために必要なのは、何度も繰り返して練習し、何度も経験することです。練習すればするほど自信がつき、その技術が体に染み込みます。

ただし、生半可な練習や経験では、平常心を持つまでには至りません。平常心が保てないのは、練習や経験がまだまだ不足しているということなのです。

戦略を考えることは目標までの道筋を明らかにすること

謀《はか》りごと多《おお》きは勝《か》ち、
少《すく》なきは負《ま》く

毛利元就

どんなことでも戦略や戦術をしっかり練り上げておけば、成果につながります。戦略をおろそかにしたり、練り上げが足りなければ、失敗が重なります。戦略を練るということは、目標や目的達成までの道筋をしっかりと考え、そのための準備を整えるということです。それをせずに行き当たりばったりの行動をとっていては、うまくいかなくて当たり前です。

時には人から見て奇抜な行動であっても、目標のためにしっかりと練り上げたものならば、成功への近道となるでしょう。

驕ることも、時には必要

驕《おご》らざるもまた久《ひさ》しからず

太田道灌

自分の力に酔いしれて油断していると、大きな失敗をしたり、敵に裏をかかれたりしてしまいます。驕る者はやがて滅ぼされるのです。

しかし、自分の力や勢いに乗ることがなく、いつも遠慮してばかりでは、絶好のチャンスを逃してしまい、勝つこともおぼつかなくなります。

勝負に勝ち、自分の立場を危うくしないためには、時には驕り、その勢いを利用することも必要なのです。

◆コラム◆

北条氏康の予言

後北条氏は、秀吉に滅ぼされるまで、関東八州を支配する強力な戦国大名家でした。この巨大な北条氏の滅亡を予言したかのような三代・氏康の言葉があります。

氏康は、四代となる氏政がお椀に汁を二度注ぎ入れる様子を見ていいます。

「一度にて汁かけ飯の加減さえできぬ性質にて、何とて八ヵ国の人々の善悪を目利きできようか」

つまりお椀を見れば、一度で注ぎ入れることなどたやすいはず。それさえできないのに、民の様子を見て国を治められるはずがない。人々を指導するには、物事をしっかりと見極める力が必要だということです。ただし、氏政は氏康が思ったほど無能ではなく、北条氏最大版図を築き上げます。北条氏が滅んだのは時代の流れだったのです。

第2章

人をまとめたい時

リーダーも先頭に立ち、行動する

一軍《いちぐん》の将《しょう》たる者《もの》は、
味方《みかた》諸人《しょにん》のぼんのくぼ
ばかり見《み》て居《い》て、
合戦《かっせん》に勝《か》てる者《もの》にてはなし

徳川家康

リーダーがいつもメンバーの後ろに立って指揮しているようでは、決して成功しません。

確かに、リーダーの役目は全体の戦略を考え、その戦略に沿ってメンバーに指示を出してまとめていくことです。しかし、それだけではありません。時には先頭に立ち、自ら仕事を積極的にこなしていくことで、メンバー全体の士気を上げることも必要なのです。

そうすることでチームをまとめ、勢いをもって事業を進めていけば、大きな成功をつかめるのです。

メンバーの功績を明確にする

下《した》の功労《こうろう》を偸《ぬす》まざれ

北条氏康

部下や後輩の功績を横取りしない。これは当然のことのようですが、案外できていない人が多いもの。

リーダーが功績を主張すると、たとえそれが正当なものであっても、メンバーは自分の功績を主張できなくなってしまいます。結果として功績の多くはリーダーのものに。

メンバーに信頼されたいと思うなら、まず自分は一歩引き、メンバーの功績を明確にすることが大切なのです。

家中《かちゅう》の者《もの》どもは、将棋《しょうぎ》の駒《こま》と思《おも》うべし

細川忠興

将棋の駒にはそれぞれの役割と、それに応じた能力がありま す。金は王の守りを固め、飛車角は縦横無尽に活躍し、歩は地道ながらも確実に敵地に侵入します。こうした役割と能力を生かせるかどうかは、打ち手の采配次第です。

組織のメンバーも将棋の駒と同じです。リーダーがメンバーそれぞれの能力とそれに見合った役割を知り、上手に使いこなせれば、その組織は成功します。つまり、リーダーがどれだけ人のことを理解しているかが成功の鍵を握るのです。

内の守りを固めれば、組織は強い

禍《わざわい》は内《うち》より起《お》こりて、外《そと》より来《き》たらず

伊達政宗

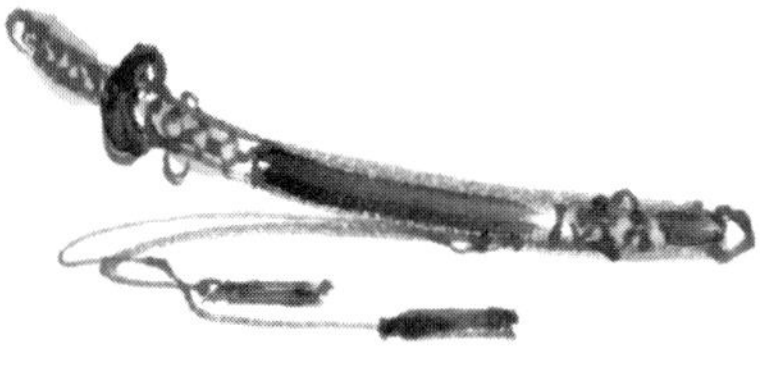

組織にとっての災いのほとんどは、内部から起きるもので、外部が原因となることはあまりありません。組織内部の抗争や不信、あるいは緊張感の欠如。こうしたことが積み重なって、組織がバラバラになってしまうと、大きな災いにまで発展するのです。

つまり、内部さえうまくまとめておけば、組織が駄目になってしまうことは滅多にありません。また盤石な組織であれば、外からの圧力にも十分に耐えうるのです。

親しみやすい上司になる

居宅広大《きょたくこうだい》なれば端々《はしばし》の者《もの》は
寄《よ》り付《つ》かぬものなり

立花宗茂

大きな邸宅を建てると、周囲の人々は隔たりを感じて、その家に近づかなくなります。同じように、上司の生活が部下の生活からかけ離れた豪華なものであれば、部下は上司と距離をおくようになってしまうでしょう。それは上司の求心力がなくなることを意味します。

部下との意思疎通を緊密に保ち、組織の結束を高めるためにも、上司は部下に親しみを持たれるような生活や行動を心がける必要があります。

遠くの状況を知る

君近《くんちか》きを見《み》て遠《とお》くに及《およぼ》さば、
下民《かみん》の幸《こう》ならん

島左近

ごく身近なことだけで状況を判断して、遠くの状況を知ろうとしないリーダーに導かれるチームが、幸せになることはありません。

リーダーの周囲には、地位の高い人や優秀な人、あるいはイエスマンが集まっています。そこからもたらされる情報は特別なものであり、ある意味ゆがんだものなのです。普段接することのない現場の状況を広く観察してこそ、全体を把握でき、リーダーとして適切な判断を下せるのです。

報酬の与え方も配慮する

参謀《さんぼう》には格《かく》を、
武士《ぶし》には俸禄《ほうろく》を

尼子経久

功績のあったメンバーへ報酬を与えることは大切ですが、金銭だけでよいというわけではありません。その立場によって、必要とするものや望むものが異なるのです。例えば地位が高い者には金銭よりも高い地位を与えたほうが、つまり昇進させたほうが、さらなるモチベーションアップにつながります。一方、通常のメンバーには、生活を支えるための金銭が効果的です。

メンバーがそれぞれ何を必要としているのかを見極めるのも、リーダーの大切な仕事です。

リーダーは気を抜くことが許されない

上《うえ》を学《まな》ぶ下《した》、と言《い》いて、
大将《たいしょう》少《すこ》しくつろげば、
下々《しもじも》は大《おお》いに油断《ゆだん》するものなり

加藤清正

下にいる者は、上の者の行動や習慣をまねるものです。そのため、たとえ順風満帆に事が進んでいる時でも、リーダーは適度な緊張感を保つ必要があります。そうしなければチーム全体が油断してしまい、ミスやルール違反が発生し、やがてチームの崩壊へとつながってしまうでしょう。

リーダーはどんな時でも、自分の行動がチーム全体に反映されることを意識し、行動する必要があるのです。

リーダーの嘘は、組織をバラバラにする

上下万民《じょうげばんみん》に対《たい》し、
一言半句《いちごんはんく》にても、
虚言《きょげん》を申《もう》すべからず

北条早雲

チームがリーダーの指示のもとで動く時に、要となるのは〝信頼〟です。信頼は、チームのメンバー同士をつなぐ大切なものです。

もしリーダーが嘘をつくと、どうなるでしょう。信頼は一瞬にして消え去り、チームはバラバラになってしまいます。それはリーダーだけでなく、チームの不幸となって降りかかるでしょう。リーダーは、その言葉と行動が信頼されるものであるからこそ、チームの中で活躍できるのです。

ルールは最小限に抑える

常《つね》に法度《はっと》の多《おお》きは宜《よろ》しからず

真田信之

多くの人を統率する時は、ある程度のルールが必要です。しかし、いつも多くのルールでがんじがらめにして、チームを統率しようとするのは、よくありません。なぜならメンバーの自由な発想や考えを削いでしまい、チームが硬直化するからです。さらにリーダーもそのルールに頼ってしまい、チームの活性化や士気を向上するための工夫を怠ってしまいます。

ルールは原則となる最小限のものに抑えて、後は自由で活発な組織づくりを心がけましょう。

強靭さと優しさを兼ね備える

人《ひと》の主人《しゅじん》は、不動《ふどう》・愛染《あいぜん》のごとくなるべし

朝倉孝景

リーダーは不動明王のごとき強靭《きょうじん》さと、愛染明王《あいぜんみょうおう》のような優しさを兼ね備えていなくてはなりません。強靭さがあればどんな困難にも打ち勝ち、メンバーを力強く引っ張っていくことができます。優しさはメンバーとの信頼関係を築き、チームをより強固なものにします。

強靭さだけでは、メンバーはいつか疲弊してしまいます。また、優しさだけでは困難な仕事は達成できません。リーダーは両方を持ち合わせることが必要なのです。

組織を本当に守ってくれるのは人

人《ひと》は城《しろ》、人《ひと》は石垣《いしがき》、
人《ひと》は堀《ほり》、
情《なさ》けは味方《みかた》、仇《あだ》は敵《てき》なり

武田信玄

チームを本当に守ってくれるのは、立派な建物や道具ではなく、チームのことを心から信じてくれるメンバーの存在です。

建物にどれだけお金をかけても、メンバーの信用がなくなれば、チームは崩れてしまいます。だからこそメンバーには情を持って真心で接することが大切です。そうすればメンバーは、いざという時にチームのために身を粉にして働いてくれます。メンバーにつらく当たっていれば、リーダーは憎まれ、チームは崩壊するでしょう。

人を使う時は、能力を第一の基準とする

人《ひと》を用《もち》うる者《もの》は
能否《のうひ》を択《えら》ぶべし。
何《なん》ぞ新古《しんこ》を論《ろん》ぜん

織田信長

人を使う時は、その者が仕事を遂行して成功させる能力があるかどうかを一番の選択基準としなくてはなりません。古くからその組織にいるから、あるいは地位が高いからなどということを考慮していると、第一の目的である仕事の達成がおぼつかなくなります。

リーダーには人の能力を見分ける観察力と、目的を見極めてそのために必要な者が誰かを的確に選び取る選択眼が必要なのです。

報酬と心配りが両方そろって人がついてくる

知《ち》行《ぎょう》と情《じょう》は車《くるま》の両《りょう》輪《りん》、
鳥《とり》の翅《はね》の如《ごと》く候《そうろう》

蒲生氏郷

報酬と心配りの両方が、車の両輪あるいは鳥の羽のように、バランスよく整っていなければ、物事はうまく進められません。報酬だけ渡して、人としての心情や配慮を見せなければ、相手も利益だけを気にして、心からトップについていこうとしません。かといって、心配りだけで報酬が少なければ、だまされたような気持ちにもなるでしょう。

メンバーの豊かさと心の両方を支えてこそ、トップといえるのです。

優秀な人材は必死に求めるべき

天下《てんか》最《もっと》も多《おお》きは人《ひと》なり。最《もっと》も少《すく》なきも人《ひと》なり

黒田孝高

世の中には、数えきれないほどの人がいます。単に人数を集めたいだけならば、簡単に集められるでしょう。しかし、人格、能力ともに本当に優れた人物はまれに見るだけです。世の中に最も多いのは人であり、最も少ないのは人材なのです。

だからこそリーダーは、優秀な人物を必死に探し、もし巡り会うことがあれば自分のチームに引き入れられるように、万策を尽くさなければなりません。それによってチームの力も倍増するでしょう。

才能を育てることもリーダーの役目

天下《てんか》才《さい》なきに非《あら》ず、
用《もち》うる人《ひと》なきのみ、
哀《かな》しいかな

吉田松陰

この世に優秀な人がいないのではありません。その才能を上手に使いこなす人がいないのです。優れた能力を持ちながら、自分でもそのことに気づいていない人もたくさんいます。世の中には、素晴らしい才能が案外多く眠っているもの。それを見過ごしてしまうのは、もったいないことです。

リーダーの役割は、すでに才能を開花させた人を使いこなすだけでは不十分です。本人すら気づいていないような才能も見い出し、それを上手に育てていかなくてはならないのです。

人間関係への細かい配慮を怠らない

同輩《どうはい》より下《した》への状《じょう》などは、
慇懃《いんぎん》に書《か》くほど、
先方《せんぽう》にてはなおなお
忝《かたじけな》く思《おも》うものなり

前田利家

同僚あるいは下の立場の者に手紙を書く時は、丁寧に書けば書くほど、もらった相手はありがたく思うものです。さらに、そのことで相手は今まで以上に自分のことを信頼してくれるようになるでしょう。

こうした手紙の書き方一つにも細かい配慮をして、内外の人間関係を良好に保つのも、リーダーの重要な役割です。ささいなことであっても、誠実な心で取り組むこと。それが今後の成果にもつながるのです。

上杉謙信の不思議

軍神といわれた上杉謙信は、自らを武神・毘沙門天の生まれ変わりと信じ、多くの戦いで圧倒的な強さを見せつけました。

その一方で、「敵に塩を送る」の逸話からも想像できる通り、義理堅く、謀略などはほとんど行わなかったといいます。同時代の武将には珍しいタイプです。

また生涯、妻帯しなかったことでも有名です。これは信仰のためであったとする説が一般的ですが、謙信は女性であったという俗説まで生まれています。少なくとも信仰深かったのは事実で、武田信玄との対立が続く中、突然出家を決意し、高野山に向かい、部下に説得されて思いとどまるという事件を起こしています。天才的な武将でありながら、本人は戦国の世になじめなかったのかもしれません。

第3章

自分に負けそうな時

世の中の問題を解決してやろうという気概を持つ

日本《にほん》をいま一度《いちど》、
せんたくいたし申《もう》し候《そうろう》

坂本龍馬

汚れきった世の中を洗濯して、すっかりきれいにしてやろう――大言壮語ともいえる言葉です。しかし、これぐらいの気概を持って生きていれば、ささいなことにめげることもなく、つまらない誘惑に惑わされることもありません。

大切なのは、志を高く持って生きること。志が高ければ、自然と広い視野に立って物事を見ようとし、多くの人があなたの周りに集まってきます。すると、大言壮語でさえ現実となることもあるのです。

勇気を持った決断がなければ、人生は開かれない

勇断《ゆうだん》なき人《ひと》は
事《こと》を為《な》す能《あた》わず

島津斉彬

人生には、迷いや恐れがつきものです。不安や恐怖から決断を遅らせてしまったり、行動をやめてしまったりすることもあるでしょう。

しかし、そんなことをいつも繰り返していると、何も達成することなく人生を終えてしまいます。今、自分にできないこと、不安を感じること。それらを乗り越える勇気を持って決断してこそ、目標や夢が達成でき、さらなる新しい世界が広がっていくのです。

自分の外見にとらわれない

われ、身《み》短小《たんしょう》にして勇功《ゆうこう》あり

池田輝政

自分の外見を気にして、消極的になっていては、自分の思いをかなえられません。人は、とかく外見でほかの人を判断しがちです。だからといって、その判断通りの人間になる必要は全くありません。

むしろ、外見からは考えられないような人物になることで、ほかの人から驚きをもって迎えられ、より好意的に見られます。そのためには外見ではなく、能力や心をしっかりと磨き上げることが大切です。

自分に勝つことが勝利への近道

われ人《ひと》に勝《か》つ道《みち》を知《し》らず、
われに勝《か》つ道《みち》を知《し》る

柳生宗矩

勝負の時は、相手のことに心を奪われがちです。例えば相手の弱点はどこか、得意な部分は何かなど。これは目標を達成しようとする時も同じ。目標を立てると、ついそのことばかり考えてしまいます。

しかし、勝利したい時や成功したい時にまず考えるべきは、自分のことなのです。自分の長所や弱点、習慣をしっかりと見極め、勝利や成功のために直すべきところは直していく。それが自分に勝つことであり、勝利や成功への近道にもなるのです。

運《うん》は天《てん》にあり
鎧《よろい》は胸《むね》にあり
手柄《てがら》は足《あし》にあり

上杉謙信

運不運を、自分で決めることはできません。しかし、鎧を胸につけて身を守るように、命や信条は自分で守ることができます。そして成功は、自分から積極的に行動することで手に入れられます。

自分で何もせずに運不運ばかりを論じるのは、怠惰というもの。不満や文句を述べる前に、自分にできることは山ほどあるはず。それらをすべてやり終えた上で、後は運を天にまかせればよいのです。

自ら困難に立ち向かうことで成長できる

我《われ》に七難八苦《しちなんはっく》を与《あた》え給《たま》え

山中鹿介

苦難にあうこともなく、日々を平和に生きていくのも悪いことではありません。しかし、いつも安穏と過ごすだけでは、自らの成長は期待できません。自分で困難を求めて、それを解決する気概を持つことで人間性が増し、能力を高めることができるのです。

つまり、より大きく成長したいという気持ちがあるなら、自ら困難に立ち向かい、解決していく人生を選ばなくてはならないのです。楽な人生を歩みながら成長することはできません。

失敗があるからこそ上達する

巧者《こうしゃ》の大将《たいしょう》と申《もう》すは、
一度《いちど》大事《だいじ》の後《おく》れに
合《あ》いたるを申《もう》すべく候《そうろう》

朝倉宗滴

物事に巧みな人は、一度は大きな失敗をしているものです。失敗は、人に学習の機会を与え、さらなる細心さを生み出します。失敗から学ぶたびに、物事に上達できるのです。失敗を経験しなければ心に隙が生まれ、計画が粗くなり、行動も甘くなります。そのままではやがて本当に取り返しのつかない失敗をするかもしれません。

そうならないようにするためにも、普段から失敗を恐れず、常にチャレンジしていくことが大切なのです。

全体を見渡す力を最初に身につける

学問《がくもん》は博《ひろ》く
学《まな》ぶべきものなり

細川幽斎

学問はどんなことでも幅広く学ぶようにしましょう。最初から限定して学んでいると、視野が狭くなり、一面的な見方しかできなくなります。

幅広く知識を習得し、全体を見渡す力を持てば、自分にとって何が必要な知識であって、何が不要なものかがよく分かります。そこから初めて一つの学問に打ち込み、その道を極められるのです。さまざまなことを議論検討できるようになるのは、それからなのかもしれません。

失敗の後にこそ努力する

事《こと》の失敗《しっぱい》に屈《くっ》すべからず、
失敗《しっぱい》すれば失敗《しっぱい》を償《つぐな》う丈《だけ》の
工夫《くふう》を凝《こら》すべし

陸奥宗光

失敗した時にすべきことは、落ち込むことではありません。どんなに落ち込んでも、失敗を取り戻すことはできないからです。

それよりも大切なのは、次に失敗しないために「なぜ失敗したのか」「どうすれば成功するか」を必死に考えることです。そして、その考えを行動に移し、成功のために努力を重ねることです。

そうしてこそ失敗に意味が生まれます。また、これを繰り返すことで、成長を遂げることができるのです。

時には名を賭けた勝負も必要

人《ひと》は命《いのち》よりも
名《な》を惜《お》しむものぞ

長宗我部元親

人生には、運命を左右するようなチャンスが必ず訪れます。そんな時に臆病風に吹かれて無為に終わらせてしまえば、せっかくのチャンスを逃してしまいます。

臆病は、自分を守ろうとする時に出てくるもの。しかし、時には自らの立場を危険にさらしてでも、自分の名に賭けて勝負しなくてはならない時もあります。

そのことによって大きく飛躍し、世の中に認められる存在になれるのです。

成長のきっかけはどこにでもある

人《ひと》の巧《こう》を取《と》って我《わ》が拙《せつ》を捨《す》て、
人《ひと》の長《ちょう》を取《と》って我《わ》が短《たん》を補《おぎな》う

木戸孝允

ほかの人の特技や能力、長所を見て、うらやましがったり、自信をなくしたりするのは、自分を成長させようという姿勢が欠けている証拠です。人をうらやましがる前に、同じ特技や能力を身につけられるように努力し、長所は見習って自分の短所をカバーするほどに高めていきましょう。

いつも自分を成長させようと心がけていれば、羨望や嫉妬という感情が入り込む隙はありません。すべてのことが自分を成長させるきっかけになるのです。

わずかな時間にも学習を

少《すこ》しの隙《ひま》あらば、物《もの》の本《ほん》をば、
文字《もじ》のあるものを
懐《ふところ》に入《い》れ、
常《つね》に人目《ひとめ》を忍《しの》び見《み》るべし

北条早雲

せっかく手に入れた知識も、ともすれば忘れてしまいがちです。また、世の中には一生かかっても吸収しきれないほどの知識があふれています。

知識を深め、それを忘れないようにするためには、ほんの少しでも時間があれば読書し、学ぶことが大切。そのためにいつも本を持ち歩いて、すぐに取り出せるようにしておくとよいでしょう。人と一緒にいる時でさえ、気づかれないように読む。それぐらいの気持ちで取り組む必要があるのです。

絶体絶命のピンチには前進あるのみ

たとえ討《う》たれるといえども、
敵《てき》に向《む》かって死《し》すべしと思《おも》う

島津義弘

進むこともできず、退くこともできない、絶対絶命のピンチ。
そんな時は迷わず進むことを選びましょう。

後退してしまえば、絶対に前進できなくなります。一方、どんなに不可能に思えても、前進すれば万に一つでもやり遂げる可能性が残されるのです。

たとえ前進して負けるようなことがあっても、挑戦し続ける中で倒れていきたい。そんな気持ちで事に当たれば、どんなピンチでも切り抜けていけるでしょう。

世間の意見よりも、自分の思いを大切に

世《よ》の中《なか》の人《ひと》は
なんとも言《い》わば言《い》え
わが為《な》すことは
我《われ》のみぞ知《し》る

坂本龍馬

人からどう思われるか、反対されるのではないか、そんなことを考えて、自分の夢や思いをあきらめてしまうのはもったいないことです。新しいことや、人とは違うことをやり遂げようとする時は、とかく慎重論や反対意見が出るものです。しかし、それを気にしていては、何も実現できません。

世間にどのようにいわれてもかまわない。自分のやりたいことは自分だけが知っている。そんな気持ちで挑戦を続けましょう。

自分で道を切り開いてこそ、本当の信心が生まれる

仏神《ぶっしん》は貴《たっと》し。仏神《ぶっしん》をたのまず

宮本武蔵

仏や神は尊いもの。神仏を信じて尊敬する心を持つことは大切です。しかし、仏や神に頼りきってしまってはいけません。

頼るとは、自分の責任や行動を相手にゆだねてしまうこと。すべてを相手の責任にしてしまうことなのです。それは信心とはほど遠いものです。

自分の行動に責任を持って、自分の力で道を切り開いてゆく。そう決意することで、初めて神仏の尊さが分かるのかもしれません。

無用な戦いは避けることこそ勝利

無《む》手《て》勝《かつ》流《りゅう》

塚原卜伝

世の中は厳しく、いつも真剣勝負が求められます。しかし、自分も相手も傷つくようような勝負をする必要はありません。むしろ、普段は無用な戦いを避けることが、自分も相手も守ることになるのです。

どんなことも勝負事ととらえて、自分が勝たなくては気が済まないようでは、相手ばかりか自分も傷つき、人生という先の長い勝負に負けてしまうでしょう。戦わずして勝負に勝つ。それが勝負の極意なのです。

コラム

戦国時代の女武将

武将というと男性のイメージがありますが、戦国時代には女性でも武将あるいは大名として活躍した人がいます。

例えば、赤松政則の妻であった赤松洞松院《とうしょういん》は、夫の死後、娘とともに実質的な大名として国政を担い、戦いの後には自ら講和を結びに行くなど、外交も積極的にこなしました。

また、立花道雪の娘・ぎん千代は、7歳で正式に家督を継ぎ、後に自ら女中を訓練し、戦いの指揮を執《と》ることもあったといいます。また、城内で秀吉に襲われそうになった時も、鉄砲で追い返したと伝えられています。

ほかにも男の武将に劣らない活躍をした女性たちがいます。戦国時代は女性にとっても、常に生死を賭けた戦いの時代だったのです。

第4章

人生に悩んだ時

「今までは」は捨てて「今は」を

およそ例《れい》という文字《もじ》をば、
向後《きょうこう》は時《とき》という文字《もじ》にかえて、
お心《こころ》得《え》あるべし

山名宗全

今、どこか行き詰まりを感じているのなら、それは過去に縛られているせいかもしれません。今まではこうだったからこれからも同じでいいと、わけもなく信じ込んでいては、何も生まれません。人の考えも仕組みも、どんどん変わっていきます。何かを生み出したいのならば、今をしっかりと見つめ、現在必要とされることを実践していかなくてはなりません。

「今までは」という言葉ではなく「今は」という言葉を意識するようにしましょう。

より広い視点を持って判断する

何《なん》ぞ一時《いっとき》貴賤《きせん》を以《もっ》て心《こころ》を動《うご》かさんや

中岡慎太郎

私たちは、自分の立場や地位にもとづいて物事を判断しがちです。しかし、現在の立場や地位は、一時的なものにすぎず、状況が少しでも変われば、その判断はすぐに揺らいでしまうでしょう。また、現在の立場にもとづいた判断ばかり下すと、いつまでもその立場から抜け出せなくなってしまいます。

大きな岐路に立った時には、自分の立場を忘れ、広い視野を持ちましょう。遠い将来や根本となる原則を見据えることで、どんな時もどんな人にも受け入れられる判断を下せるのです。

人のアドバイスは、自分でしっかりと吟味する

意見《いけん》をしてみるに、
直《ただ》ちに請《う》け合《あ》う者《もの》に
その意見《いけん》を保《たも》つ者《もの》なし

小早川隆景

アドバイスを伝えた時に、すぐに「そうですね」などと安請け合いする人がいますが、その人がその通りにすることはめったにありません。

自分自身を振り返ると、どうでしょうか。アドバイスの内容をしっかり吟味し、不明なところがあれば質問し、反対すべきことは反対する。そこまで意見を吟味し、納得してこそ、アドバイスの価値が生まれるのです。そしてそれを行動に移すことで、成長できるようになるでしょう。

後悔は気持ちも時間も無駄にする

我《われ》事《こと》において後《こう》悔《かい》をせず

宮本武蔵

何かに失敗した時、それをいつまでも悔やみ、嘆いていても意味はありません。過去に起きたことは、取り返しがつかないのです。それなのに過去にとらわれ、後悔し続けていれば、その時間も無駄になり、気持ちも落ち込む一方です。

それよりも失敗から反省すべきことを学び、次に生かすようにしましょう。そして失敗を悔やむ気持ちは、もう忘れてしまうことです。気持ちを切り替えて前を向けば、失敗が明日の糧になるのです。

お金の重要さを知る

金《かね》を持《も》てば、
人《ひと》も世上《せじょう》も
恐《おそ》ろしく思《おも》わぬものなり

前田利家

お金がある時は、人も世間も怖いと思うことはないかもしれません。しかし、ひとたびお金がなくなった時、世間は生きづらく恐ろしいものになります。お金があるかないかで、人からの扱いが全く変わってしまうからです。

いくらお金があるかで人の価値が決まるわけではありませんが、世間での立場はお金の有無で決まってしまうことも多いのです。そのことを肝に銘じて、お金を有意義に使うように心がけましょう。

志を高く持てば、大きな成長が期待できる

心事《しんじ》　高尚《こうしょう》ならざれば
働《はたら》きもまた高尚《こうしょう》なるを
得《え》ざるなり

福沢諭吉

夢や目標は、大きく高く持つことが大切です。志が低ければ、行動や努力もそれに見合ったものになってしまい、大きなことは達成できないでしょう。

志が高ければ高いほど、行動も積極的になり、努力も大きなものになるはずです。その結果、たとえすべてがかなわなくても、想像以上に成長した自分に気づくはずです。

自分を小さくまとめてしまわずに、志高く、大きく大きく考えるようにしましょう。

生きていれば、つらいこともある

人《ひと》の一生《いっしょう》は重荷《おもに》を負《おう》て
遠《とお》き道《みち》をゆくがごとし

徳川家康

人生には、うまくいかないことやつらく苦しいこともありま
す。心を切り替えてどんなに努力しても、無駄になってしまう
こともあるでしょう。

しかし、だからといってあきらめてしまえば、それですべて
が終わってしまいます。人の一生はもともと重い荷物を背負っ
て、遠い道のりを歩き続けるようなもの。困難なことがあって
当然なのです。そう思えば、苦しいことも気になりません。た
とえつらいことがあっても、夢をあきらめなければ、最後の最
後にかなうこともあるのです。

恥ずべき心を持たずに生きる

人《ひと》の命《いのち》わづかの間《あいだ》なれば、
むさき心底《しんてい》、ゆめゆめ、
あるべからず

北条氏綱

人の一生はあっという間に終わってしまいます。その中でどのように生きていくかは、人それぞれ。他人が口出しすることではないのです。わずかな人生のあり方を決めるのは、自分の責任です。

しかし、その短い一生のほんの一瞬でさえ、つまらない、あるいは恥ずべき心を持たないようにしましょう。誰から見ても恥じることのない生き方。これが自由な人生のたった一つのルールです。

人の一生は夢や幻のようなもの

人間《じんかん》五十年《ごじゅうねん》、
下天《げてん》の内《うち》を比《くら》ぶれば、
夢幻《ゆめまぼろし》の如《ごと》くなり

織田信長

何十年という人生も、天上の世界においてはたった一日にすぎず、まるで夢や幻のようなもの。

生きている間は、さまざまなことに心を悩ませますが、一生を終える時は、それさえもほんの一瞬の思い出にすぎません。

それならば、ささいなことで悩み、つまらないことにこだわって時間を無駄にするのはやめましょう。生涯を閉じる時に後悔することのないよう、自分の思った通りに生きていけばいいのです。

何事もバランスよく

仁《じん》に過《す》ぐれば弱《よわ》くなる。
義《ぎ》に過《す》ぐれば固《かた》くなる。
礼《れい》に過《す》ぐれば諂《へつらい》となる

伊達政宗

愛情を大切にしすぎれば、情にもろくなる。義理を重んじすぎれば、堅苦しくなる。礼も度を越すとへつらいになる。知恵ばかりでは嘘つきになり、人を信じすぎると損をしてしまう。

よいこともやりすぎては、むしろ欠点になってしまいます。物事にはちょうどよい加減というものがあります。何事もバランスの取れている状態が一番いいのです。

正しいことをしているつもりでも、やりすぎていないか振り返ることが必要です。

信頼している人の助言を実行する

善《よ》き人《ひと》の言《げん》をよく用《もち》いること

山内一豊

自分なりの方法や計画を考えるのは、大切なことです。しかし、自分がまだ未熟であるのに、独自のやり方にこだわってしまうと、稚拙な結果に終わるか失敗してしまう場合がほとんどです。

努力してもうまくいかない、判断に迷うという時は、自分が尊敬・信頼している人の助言をよく聞いて、その通りに実行してみることも方法の一つです。そのことでよい結果が生まれ、自分も学べるのです。

大切なことは自分で真剣に考える

大事《だいじ》の儀《ぎ》は、人《ひと》に談合《だんごう》せず、一心《いっしん》に究《きわ》めたるが善《よ》し

伊達政宗

本当に大事なことは、人にあれこれと相談するよりも、自分で熟慮に熟慮を重ねて決断するのがよいでしょう。

人生を左右する悩みの答えは、自分の心の奥底に隠されています。誰かに助言を求めても、思うような答えが返ってこなければ、反発するか消沈するかのどちらかです。また、人の賛成がないと行動に移せないようなら、最初から成功の可能性は低いともいえるでしょう。

人生は結局、自分自身で真剣に考えながら決めてゆくものなのです。

結果を恐れずに行動することの大切さ

大事《だいじ》を断《だん》ぜんと欲《ほっ》せば、
先《ま》ず成敗《せいはい》を忘《わす》れよ

吉田松陰

大事なことを実行する時に、結果を恐れて躊躇《ちゅうちょ》してしまっては、意味がありません。よい結果であろうと悪い結果であろうと、そこには行動によって生まれる変化があります。その変化が自分を成長させ、時には周りの人の共感を呼び起こすでしょう。

つまり、行動する真の意味は変化を起こすことであって、何かの結果を得ることではないのです。どんな結果になろうと、行動すればそこには必ず変化があり、何かしらの意味が生まれるものなのです。

ピンチを招かないためにもチャンスを生かす

天《てん》の与《あた》うるを取《と》らざれば、
かえってその災《わざわ》いを受《う》くる

井伊直政

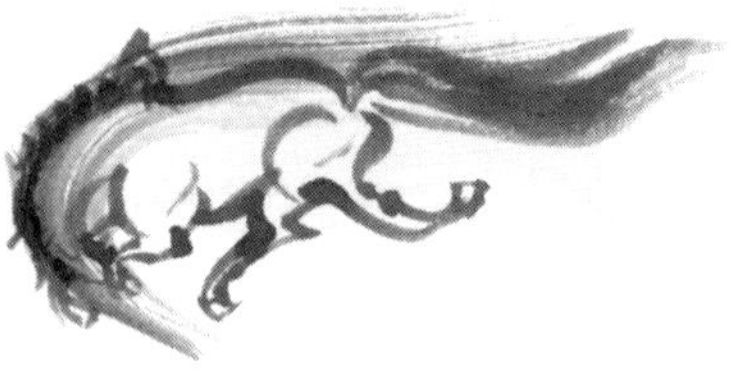

チャンスを生かして行動できれば、必ずよい変化が生まれ、自分を成長させられます。

しかし、臆病な心や怠惰を理由に、目の前のチャンスをつかまなければ、その時にしか得られないものを失ってしまうことになります。そして失ったものを取り返すには、本来なら必要のない努力をして、長い時間待たなくてはなりません。わずかな人生でこれほどのマイナスはありません。チャンスをつかまなければ、ピンチに陥ってしまうのです。

世の中は世の中のためにある

天下《てんか》は天下《てんか》の天下《てんか》なり

徳川家康

この世の中は、誰のものでもありません。世の中のための世の中なのです。つまり、特定の誰かのために存在するのではなく、老若男女、身分や立場を問わず、すべての人のためにあるのです。

世の中全体がよく回り、すべての人が幸せになる…この世にいる一人ひとりがそのことを考えながら生きていく必要があるのです。そう思えば、どんな立場にいようと、自分の取るべき行動がおのずと見えてくるでしょう。

まじめさだけでなく、大胆さも身につける

律儀《りちぎ》・正直《しょうじき》にばかり覚《おぼ》えて、
心《こころ》が逼塞《ひっそく》していては
男業《おとこわざ》はなるべからず

鍋島直茂

まじめに正直に生きていくことは大切ですが、それだけでは心が堅苦しく、小さくなってしまいます。心が小さければ、広い視野で世の中を見ることができず、ルールや常識にとらわれた行動にとどまり、飛躍することはできないでしょう。

時にはルールや常識から離れ、大胆に行動することで、今まで以上に広い視野を持てるようになります。それはより大きな目標を持つことにつながり、さらなる成長へと導いてくれるのです。

学んだことは行動に移す

いにしえの道《みち》を
聞《き》きても唱《とな》えても
わが行《おこな》いにせずば甲斐《かい》なし

島津忠良

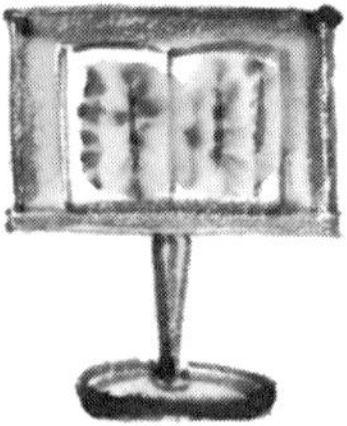

どんなに多くのことを学んでも、自分の成長が感じられない――それは、学習するだけで終わっているからかもしれません。

優れた考えや方法、思想を知っていても、それだけでは役に立っているとはいえません。それはただ知っているというだけ。実際に行動に移さなければ意味がないのです。

行動すればそれはやがて習慣となり、いずれ自分のものとなるでしょう。その時にこそ成長が感じられるのです。

待っているだけでは人生はおもしろくない

おもしろきこともなき世《よ》を
おもしろく

高杉晋作

人生がつまらない、何もいいことがないと落ち込んでしまうこともあるでしょう。しかし、そんな時はちょっと顔を上げて、喜びや楽しさ、おもしろさとは自分で発見し、つくり出すものだと考えてみましょう。

その気持ちの切り替えだけで、人生が少しずつ楽しく思えてくるから不思議です。そしていつの間にか、おもしろくなるように行動している自分がいるはずです。

人生のおもしろさは、待っているだけでは分からないのです。

コラム

武将たちの最期の言葉

戦国の世をたくましく、果敢に生きた武将たちですが、人生の最期にはどんなことを口にしたのでしょうか。

豊臣秀吉は「かえすがえす、秀頼のことを頼むぞ」と遺言状に書いています。盤石とはいえない豊臣政権の中に、幼い跡継ぎを残すことが一番の心配事だったのです。

「うるさい経帷子《きょうかたびら》だ。私はいらない。お前が着なさい」。これは前田利家の言葉。死のうとする利家に、妻が経帷子（魂が極楽に行けるように死者に着せるもの）を縫って差し出した時に、こう返したそうです。利家の現実主義な面と、妻への愛情が伝わってきます。

時代を下って、明治維新の立役者の一人である勝海舟の最期は、達観しているかのように、「これでおしまい」といって息を引き取ったといいます。

第5章

気持ちを伝えたい時

大切な人への思いが原動力になる

いざ、お前《まえ》を五十日《ごじゅうにち》のうちに
輿《こし》に乗《の》せる身分《みぶん》にして見《み》せる

明智光秀

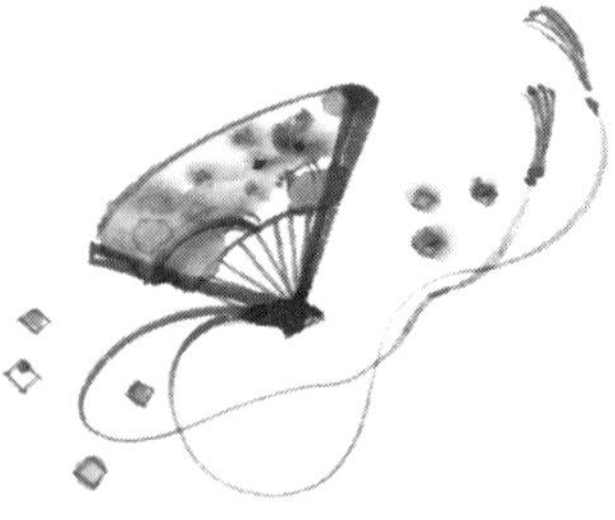

目標を実現するための大きな原動力となるのは、時として大切な人への思いです。その人を幸せにしたいという気持ちが、命を賭けるほどの勝負に導くのです。その思いが予期せぬ力を発揮させ、成功の可能性を高めてくれます。

結果は、どのようなものであってもかまわないのです。自分をそこまで突き動かすほどの大切な人がいるということが重要なのです。

気持ちの込もった料理が一番のもてなし

かりそめにも
人《ひと》に振舞《ふるま》うとあらば、
料理第一《りょうりだいいち》を心得《こころえ》よ

伊達政宗

相手をもてなしたいという気持ちを表すには、料理に心を込めるのが一番です。

どんなに豪華な部屋に客を招いたとしても、がっかりさせるような料理を出してしまえば、その人はもてなされたと感じないでしょう。人は何よりも料理に喜びを見い出すものなのです。

もちろん豪華な料理ならいいというものでもありません。相手の好みを考え、心身を満たすものを心を込めてつくることが大切です。

家族を大切にできる人は、すべての人を大切にできる

我《わ》が女房《にょうぼう》に
情《つれ》なくあたる者《もの》あり。
大《おお》いに道《みち》に
違《たが》いたることなり

藤堂高虎

家族は、お互いに支え合うもの。そして信頼し合うものです。家族につらく当たれば、それは家族の信頼を裏切ることになります。そのような人は、ほかの人とも信頼関係を築くことはできないでしょう。なぜなら、人を大切にする心が欠けているからです。

家族を大事にして、信頼を築き合える人は、人を大切にする心を持っています。道から外れることなく、どんな人とでも信頼関係を結べるでしょう。

天と同じようにすべての人を愛する

敬《けい》天《てん》愛《あい》人《じん》

西郷隆盛

自分が生きようとする道は、自分の力だけで見つけ出したものではありません。それは天によって導かれたもの。そう考えれば、自分を過信することもなく、すべてのものに敬意を持って接することができます。

そして天は、自分だけでなく、すべての人を分け隔てなく愛しています。そのことが分かれば、自分も天と同じように、すべての人を分け隔てなく愛せるようになるでしょう。

心を一つにした仲間は、強大な力を発揮する

三人《さんにん》の半《なかば》、少《すこ》しにても
かけこへだても候《そうら》はば、
ただただ三人《さんにん》御《おん》滅亡《めつぼう》と
思召《おぼしめ》さるべく候《そうろう》

毛利元就

仲間とともに一つの目標に向かって歩む時、仲間との間にほんの少しでも心の隔たりがあれば、その目標の達成は困難になるでしょう。仲間に対して心を開かず、隠しごとをしているようでは、どこかに不信感が生まれ、行動もバラバラになってしまいます。

仲間が心を合わせ、お互いを信頼し合う。これほど心強いことはありません。どんな困難にも打ち勝ち、一人では決して達成できないことも可能になるでしょう。

自分の持つものは、すべて志のために使い尽くす

児孫《じそん》の為《ため》に美田《びでん》を買《か》わず

西郷隆盛

子どものことをどれだけ大事に思っていても、財産を残す必要はありません。子に財産を残すということは、それだけ自分の志を実現するために使う資金を減らすことにつながります。つまり、自分が自分の人生に全力を尽くさないということになります。

親も子も、それぞれの力で生きていかなければならないのですから、財産を残す必要もなければ、もらう必要もないのです。財産よりも大切なもの。それは、全力を尽くして生きる親の姿です。これこそ、親が子どもに対して残すべきものなのです。

ちりぬべき時《とき》知《し》りてこそ
世《よ》の中《なか》の花《はな》も花《はな》なれ
人《ひと》も人《ひと》なれ

細川ガラシャ

あらゆる努力を捧げ、悔いのない仕事を成し遂げた時。それは、静かにその場を去っていく時かもしれません。つまらない欲や未練に惑わされ、いつまでもその場に残っていても変化はないでしょう。同じ場所にとどまり続けるのではなく、違う場所に足を運ぶことで、新しい世界が広がるのです。

去るべき時を知っていてこそ、世の中で花は花らしく、人は人らしく生きていけるのです。

一筆《いっぴつ》申《もう》す。火《ひ》の用心《ようじん》。
お仙《せん》痩《や》さすな。
馬《うま》肥《こ》やせ

本多重次

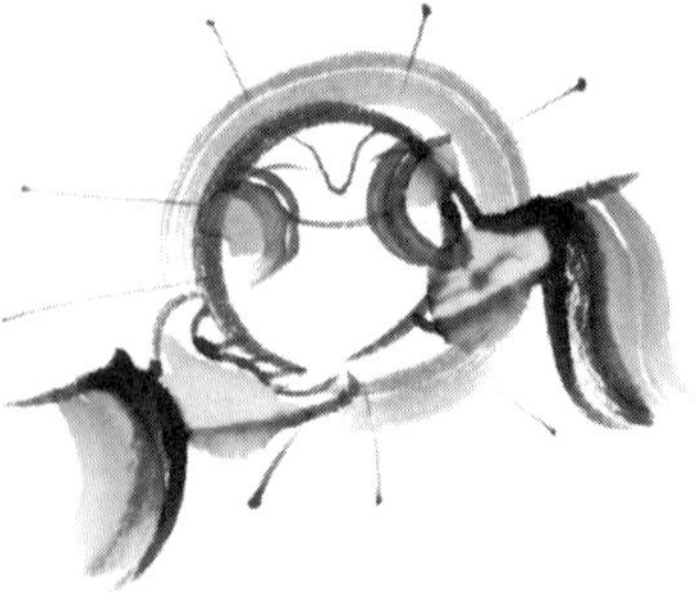

これは本多重次が陣中から妻にあてて書いた、家族を気遣う手紙です。

忙しい日が続くと、家族への気遣いがおろそかになりがちです。お互いに分かっているから大丈夫などと思っていると、知らない間に心が大きく離れてしまうこともあります。

大げさな愛情表現でなくてもいいのです。様子を尋ねたり、気になったことを聞いたり、自分のことを知らせたりする一言でいいので、声をかけ合いましょう。そうすることでお互いの結びつきが強くなり、心が寄り添い合う家族になれるのです。

コラム

海外で活躍した武将

山田長政は、沼津藩で大久保忠佐に仕え、駕籠《かご》かき（駕籠をかつぐ人）をしていました。しかし突然、１６１２年に朱印船を利用してシャム国（現在のタイ）に渡ります。日本で戦国時代が終わってしまったため、戦いを求め、海外へ旅立ったのかもしれません。

シャムで傭《よう》兵隊に加わり、日本人町の首長におさまると、当時のシャム国王ソンタムの信頼を得て、官位を授かります。

さらに武将としても活躍し、シャム国で最高の官位を受け取りました。しかし、ソンタム没後の王位継承を巡る勢力争いに負け、僻地《へきち》の知事に任命され、その地で毒殺されてしまいました。

第6章

武将列伝

伊達政宗（1567〜1636）

政宗が生まれた当時、伊達家は名門ながら、陸奥の南部に勢力を振るう小国でした。それを奥州随一にまで成長させたのは、政宗の卓越した能力によるものです。

幼いころの病気が原因で右目を失明し、独眼となりましたが、厳しい教育のもと、たくましく成長し、18歳の若さにして家督を譲り受けます。その後、敵に拉致された父を、敵もろとも殺してしまったり、実弟に家督を継がせようとする母に命を狙われ、実弟を殺してしまったりという困難を乗り越え、奥羽を統一し、さらなる領土拡大を目指します。しかし、すでに天下を統一しつつあった豊臣秀吉に従わざるを得ず、その臣下になります。さらに徳川の治世においても、奥州の一大名として仕えました。

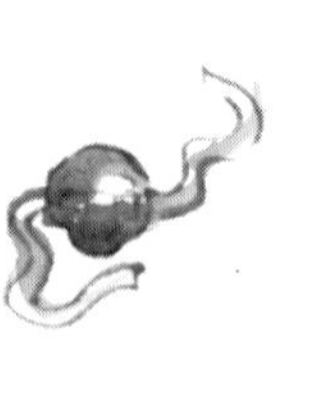

上杉謙信（1530〜1578）

史上最も強力な戦国武将でありながら、策略を嫌い、私欲による領土拡大の意思もない、武将らしくない側面を持つ上杉謙信。

謙信は、越後の長尾氏の四男として生まれましたが、若いころからその勇猛果敢さで知られ、19歳の時に家臣に擁立され、兄から家督を譲られることになりました。さらに関東管領の上杉家の養子となり、上杉姓を名乗るようになります。

その後、武田信玄との五度に及ぶ川中島の戦いをはじめとして、数々の戦いで圧倒的な強さを見せつけ、代表的な戦国武将として知られることになります。しかし、これらの戦いは、あくまでも関東管領として関東平定を目指しただけであり、私欲によるものではありませんでした。

北条早雲（1432〜1519）

北条早雲は、戦国武将の先駆けであり、その類いまれな才覚により後北条五代の礎を築きました。

生まれははっきりしていませんが、室町幕府配下の伊勢氏の出身と考えられています。当初、室町幕府のために働いていたようですが、やがて妹が嫁いでいた今川氏に入り、その嫡子となった甥の氏親を補佐する形で、今川氏の重臣となります。

さらに伊豆を支配していた堀越公方の内紛に乗じて攻め入り、伊豆を奪い取ると、半独立しました。これが下剋上の始まりといわれます。その後は、相模へ進出し、三浦半島を含めた相模全域の支配を確立。『早雲寺殿廿一箇条』という家法を定め、これが分国法のお手本になったことでも知られています。

武田信玄（1521～1573）

戦闘に滅法強く、謀略に長け、領土欲も旺盛。その一方で内政の充実も怠らない。信玄は、戦国大名の鑑《かがみ》ともいえる存在です。

甲斐の守護大名・武田氏の長男として生まれた信玄ですが、父の信虎が次男の信繁に家督を譲ろうとしたため、信玄は家臣団と結託して父を追放し、家督を継ぎました。

その後は、信濃に進出して、これをほぼ平定します。この時から信濃の大名より救援依頼を受けた上杉謙信と敵対し、五度、川中島で決戦します。謙信とははっきりした決着はつきませんでしたが、そのほかにも戦闘や同盟、謀略を駆使し、駿河を攻略。さらに三河に進出し、徳川を破ったところで惜しくも病死しました。

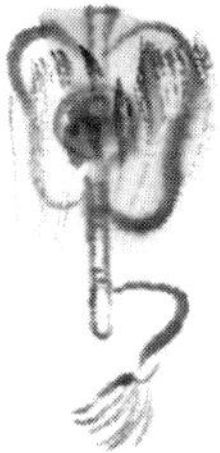

織田信長（1534～1582）

尾張中西部を支配した尾張織田家の嫡男として生まれながら、奇抜な行動を繰り返した信長は、周囲から「うつけ者（愚か者）」と呼ばれていました。

　そのため、信長の家督相続後、主君としての器量を疑問視した実弟と家臣団が謀反を起こします。しかし、これを破ると、勢いに乗って尾張をすべて平定。そこに駿河の今川氏が数万の軍勢を率いて攻めてきましたが、信長は五千の軍をもって、これを桶狭間の戦いで破りました。

　その後は戦いを繰り返しながら、徐々に勢力を拡大。室町幕府を滅亡に追い込み、最終的に近畿から北陸甲信越に及ぶ領土を支配しました。全国統一も間近となりましたが、その半ば、明智光秀が起こした本能寺の変により自害しました。

徳川家康（１５４３～１６１６）

３００年続いた江戸幕府を開いた徳川家康は、我慢に我慢を重ねた武将として知られています。

三河の国人・松平氏の嫡男として生まれましたが、幼少期は織田氏そして今川氏の人質となり、そこで元服します。桶狭間の戦いで、今川氏が敗れると、人質を脱し、信長と手を結んで、三河を取り戻します。

その後も領土拡大に努め、信長に次ぐ天下人としての地位を確立していきますが、信長の死後は、政治面で一歩抜きん出る秀吉の臣下となりました。秀吉のもとでは、ナンバー２の地位を確保し、秀吉の死後は政治的な支配力を高めた上で、最終的に関ヶ原の戦いに勝利。さらに大坂城を陥落させ、天下を統一しました。

豊臣秀吉（1537〜1598）

低い身分に生まれた秀吉は、若いころの消息についてははっきりと分かっていません。天下統一を果たす大出世の足がかりは、織田信長に草履取りとして仕えたことです。

知略に富み、人心掌握に優れた秀吉は、数々の功績をあげ、信長の家臣の中でも頭角を現していきます。

信長が本能寺の変で自害すると、いち早く明智光秀を討ち、発言権を高めた上で、信長の後継者決定の論争に勝利。以降、対抗者を巧みな攻略によって次々に落とし、天下統一を成し遂げました。

晩年は朝鮮出兵などの失政が目立ち、豊臣家に禍根《かこん》を残して、病死しました。

明智光秀（1528～1582）

織田信長を攻め、歴史を大きく変えた光秀の前半生は、はっきりと分かっていません。越前朝倉氏に仕え、やがて足利義昭とつながりができ、義昭が信長と接触を試みた時に、その折衝役として任命されたことで、信長にも認められたと考えられています。

義昭と信長が反目するようになると、信長に仕えるようになり、近畿の戦いを中心に武功をあげ、ついには近畿一帯の支配権をまかされるほどの信任を得ました。そんな中、毛利氏攻略中の秀吉を支援する途上で突然信長討伐を決行、本能寺の変を起こしたのです。これに成功したものの、山崎の戦いで秀吉に敗れ、落ち武者狩りによって殺害されたといわれています。

毛利元就（1497～1571）

毛利氏は、尼子氏と大内氏という巨大勢力に挟まれた安芸の一豪族で、元就はその次男として生まれました。やがて父と兄、さらに家督を継いだ兄の嫡男の死亡により家督を相続します。この時、家督相続に介入した尼子氏と敵対し、大内氏の傘下に入ると、その中で勢力を拡大し、安芸をすべて支配しました。

　さらに陶隆房が謀反を起こし、大内義隆を殺害すると、厳島の戦いで陶氏を撃破。これをきっかけに中国全土に進出し、緻密な知略をもとに着実に領土を増やし、中国全土と北九州という広大な領地を手にしました。後の毛利氏を息子・孫に託し、病死します。

長宗我部元親（1539～1599）

土佐の土地にあって、長宗我部氏は一時、弱体化していました。それを再興し、強力な戦国大名として成長させたのが長宗我部国親です。元親はその長男として生まれ、父の死によって家督を相続すると、さらなる勢力の拡大に努め、やがて土佐の国司であった一条氏を追放し、土佐の統一に成功します。

次は四国全土の征服を目指し、阿波、讃岐、伊予に侵攻しました。一時は信長との反目が原因で、その事業が危ぶまれましたが、信長の死によって、最終的に四国をほぼ統一しました。

しかし、秀吉との戦いに敗れ、配下となるとともに、土佐一国の支配しか認められない結果に。その秀吉が死去した翌年に、元親も息を引き取りました。

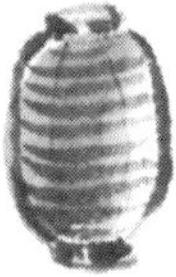

前田利家（1538〜1599）

前田利家は、尾張荒子城主の四男として生まれました。若いころは派手なかぶき者で喧嘩っ早いため、恐れられていたといいます。信長の小姓として仕え、かわいがられましたが、喧嘩によって信長の異母弟を殺害したことで追放されます。

しかし、美濃攻めで戦功をあげて、帰参が許され、さらに病弱な兄・利久に代わって前田家を継ぐように命じられました。

この後は信長のもと、柴田勝家の与力になるなどして活躍。やがて能登一国の大名となります。

信長の死後は秀吉に従い、加賀越中を与えられ、加賀百万石の礎をつくりました。五大老の一人にも加えられ、秀吉の死後は家康に対抗する唯一の存在でしたが、秀吉の死の翌年に病死してしまいました。

加藤清正（1562~1611）

加藤清正は農民の出身で、秀吉とは親戚関係にあったといわれています。その縁で、信長の家臣として秀吉の配下に入ります。以来、秀吉の忠実な部下として働きますが、その名を知らしめたのは、本能寺の変の後、秀吉が柴田勝家と争った賤ヶ岳の戦いの時。華々しい武功をあげ、賤ヶ岳七本槍の一人に数えられました。

後に秀吉の九州征伐でも活躍し、肥後半国を与えられました。さらに朝鮮出兵に際しても相当な強さを誇り、多くの戦いを勝利に導きます。

秀吉の死後は、石田三成と反目し、家康と手を結びます。関ヶ原の戦いでは九州にいて、西軍の城を攻略。その功により肥後一国の大名となりました。

宮本武蔵（1584〜1645）

二刀流である二天一流兵法の祖・宮本武蔵は、その著書『五輪書』によると現在の兵庫県・播磨国に生まれたとされます。しかし、詳しい生まれは分かっていません。13歳の時から剣術の試合を繰り返し、以降一度も負けることがなかったともいわれています。

中でも有名な戦いは、巌流島の決闘です。武蔵がわざと遅れて到着し、佐々木小次郎を破ったという物語が知られていますが、実際にはさまざまな説があり、武蔵が約束を違えて弟子を引き連れ、岩流という人物と戦って勝利した後、息があった岩流を弟子たちが撲殺したという記録もあります。晩年は熊本にて『五輪書』を著し、生涯を閉じます。兵法家としてだけでなく、画や書の才能も発揮しました。

柳生宗矩（1571〜1646）

柳生宗矩は、柳生新陰流を築いた柳生石舟斎の五男として生まれます。

石舟斎が家康に召されて、兵法を披露すると、家康は石舟斎に仕官を求めます。しかし、石舟斎は高齢を理由に断り、代わりに宗矩を推します。以降、宗矩は家康のもとで、剣術指南役として活躍。また合戦でも功をたて、旗本となりました。

さらに二代将軍秀忠、三代将軍家光の信頼も厚く、大名を監察する大目付となり、さらには自身が大名にまでなりました。

剣豪ながら、剣術を殺人の技術から活人、つまり人を生かすものという思想にまで高めました。実際に人を切ったのは、秀忠を守る時に瞬殺した七人のみといわれています。

吉田松陰（1830～1859）

明治維新の精神的・思想的な柱となった松陰は、極貧の長州藩士の次男として生まれました。叔父が開いた松下村塾で学び、才能を開花させると、さらに江戸の佐久間象山に学び、その実力を認められます。

やがてペリーが来航すると、密航を企て、失敗。その罪により投獄されてしまいます。

出獄した後は、謹慎処分の中で、自らが学んだ松下村塾の名で塾を開き、長州藩士の教育に努めます。この時学んだ塾生には高杉晋作、伊藤博文、久坂玄瑞などがおり、明治維新とその後の明治政府に欠かせない人材を育てています。

しかし、安政の大獄が始まると江戸の牢に入れられ、死罪となってしまいます。この時、松陰はまだ29歳でした。

高杉晋作（1839～1867）

高杉晋作は、長州藩の裕福な藩士の長男として生まれます。そのためか松下村塾で学んだものの、しばらくは過激な攘夷論に加わることもなく、剣術修行や航海術の習得などに打ち込みます。

やがて幕府随行員の一人として、上海に渡航。この時中国は植民地化の真っただ中で、太平天国の乱の終盤でもありました。これらの経験から、晋作が富国強兵の必要性を実感したことは想像に難くありません。帰国後、攘夷運動に加わり、下関戦争の間に、身分を問わずに入隊できる奇兵隊を創設。幕長戦争でも活躍しますが、大政奉還を見ずにして29歳で病死しました。

木戸孝允（1833～1877）

木戸孝允は、長州藩医の長男として生まれたものの、病弱であったため、桂家の養子に出され、若い時は桂小五郎と呼ばれました。

松下村塾に入り、吉田松陰に認められると同時に、剣術においても才能を発揮し、やがて江戸の練兵館で修行、塾頭となります。

その一方でペリーの来航に刺激を受け、西洋の兵学や造船術を学ぶなどして、確実に時代の流れをとらえていったのです。

やがて長州藩の中心人物の一人となり、藩を尊王攘夷の流れに持ち込み、薩長同盟を通じて活躍します。

新政府においても、廃藩置県の提言など重要な役割を果たしますが、西南戦争の最中に病死しました。

坂本龍馬（1836～1867）

龍馬の生家である坂本家は、土佐の下級武士ながら、もともと商家であり、非常に裕福でした。

幼いころは軟弱であったといわれますが、剣に上達し、江戸で北辰一刀流において塾頭を務めるほどになりました。

やがて土佐勤王党を武市半平太らと結成。攘夷運動に身を投じましたが、やがて勤王党とは袂を分かち、脱藩。開国論者である勝海舟との出会いによって、単なる攘夷論とは一線を画します。その後亀山社中（後の海援隊）の設立、薩長同盟の仲介など八面六臂の活躍をし、さらに大政奉還や、明治政府綱領の基礎となる船中八策を構想。大政奉還が実現した直後に暗殺されました。

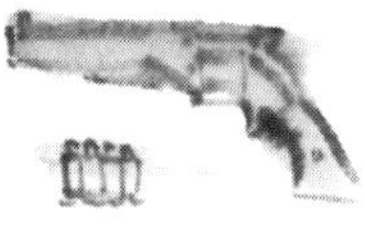

西郷隆盛（1828～1877）

薩摩藩下級武士の長男であった西郷隆盛は、藩主・島津斉彬の目にとまることで、その能力を発揮する機会に恵まれます。

斉彬の死後、その遺志を継ぎ、尊王攘夷の行動を起こしますが、安政の大獄や藩主の実父である久光との不仲が原因で、二度の流罪に処せられています。

薩英戦争をきっかけに薩摩に戻ると、藩の隆盛に尽力し、長州征伐に参加しましたが、坂本龍馬などの斡旋により薩長同盟を結ぶと、倒幕へ突き進みました。

新政府では陸軍大将と参議を兼ねて貢献しましたが、征韓論を巡って対立し、下野。不平士族とともに挙兵し西南戦争を起こしますが、戦いに敗れ、戦死（自害）しました。

福沢諭吉（1835～1901）

福沢諭吉は、幕末の風雲の中に生まれながら、教育者としての行動を貫きます。

諭吉は、豊前中津奥平という小藩の士族として生を受けました。

長崎で蘭学を学んだ後、緒方洪庵の適塾で科学を、さらにジョン万次郎に英語を学び、咸臨丸で従者として渡米。さらに渡欧の機会も得て、見聞を広めます。これらの経験から著した『西洋事情』は、各界の著名人に読まれ、維新前後の政策に大きな影響を与えました。

維新前に蘭学塾を開き、これを慶応義塾と命名（現在の慶應義塾大学）。その後、政府にさまざまな建議を行い、また相談されるものの、決して役人になることはなく、著作や教育を通じて、日本の向上に努めました。

年表

1457	太田道灌、江戸城築城。
1495	北条早雲、小田原城を奪取。
1519	北条早雲、病没。
1523	毛利元就、毛利家を継ぐ。
1541	武田信玄、父信虎を追放。
1542	斎藤道三、美濃を征服。
1543	種子島に鉄砲伝来。
1548	上杉謙信、兄・晴景との家督争いに勝利、春日山城に入城。
1549	徳川家康、今川家の人質となる。
1550	毛利元就、次男・元春に吉川家の家督を、三男・隆景に小早川家の家督をそれぞれ継がせる。
1551	陶隆房、大内義隆を滅ぼす。
1553	上杉謙信・武田信玄、川中島の戦い（第一次）。
1554	豊臣秀吉、織田信長に仕える（諸説あり）。
1555	厳島の戦い。毛利元就、陶晴賢を追討。
	川中島の戦い（第二次）。
1557	川中島の戦い（第三次）。
1559	織田信長、尾張統一。
1560	桶狭間の戦い。織田信長、今川義元を滅ぼす。
1561	上杉謙信、関東管領となる。
	川中島の戦い（第四次）。
1564	川中島の戦い（第五次）。
1566	毛利元就、尼子義久を攻略する。
1567	織田信長、美濃制圧。
1568	織田信長、足利義昭を奉じて入京。
1571	織田信長、延暦寺焼き討ち。
	毛利元就、病没。孫の輝元に実権が移る。

1573	武田信玄、病没。武田勝頼が家督相続。織田信長、足利義昭追放。室町幕府滅亡。
1575	長篠の戦い。織田・徳川連合軍、武田軍に圧勝。
1576	織田信長、安土城を築城開始。
1577	豊臣秀吉、毛利攻め。
1578	上杉謙信、病没。景勝が家督を継ぐ。
1580	明智光秀、織田信長より丹波国、拝領。
1581	前田利家、織田信長から能登を拝領。
1582	織田信長、武田征伐開始。武田氏滅亡。本能寺の変。織田信長自害。山崎の合戦。豊臣秀吉、明智光秀を破る。
1583	賤ヶ岳の戦い。豊臣秀吉、柴田勝家を破る。
1583	豊臣秀吉、大坂城築城。
1584	小牧・長久手の戦い。
1585	豊臣秀吉、関白となる。
1586	豊臣秀吉、太政大臣になる。豊臣姓賜る。
1587	豊臣秀吉、島津義久を下す。九州平定。加藤清正、熊本城に移る。
1589	伊達政宗、会津制圧。
1590	豊臣秀吉、北条氏を下す。関東・奥州平定。全国統一の完成。山内一豊、掛川城に移る。
1592	文禄の役(朝鮮出兵)。
1594	柳生宗矩、徳川家に仕官。
1597	慶長の役(朝鮮出兵)。
1598	豊臣秀吉、病没。
1599	前田利家、病没。
1600	関ヶ原の戦い。徳川家康率いる東軍勝利。

1600　山内一豊、土佐藩を拝領。

1603　徳川家康、征夷大将軍に。江戸幕府成立。

1605　徳川家康、秀忠に将軍職を譲る。大御所政治へ。

1613　伊達政宗、ヨーロッパに支倉常長を派遣。

1614　大坂冬の陣。

1615　大坂夏の陣。

1616　徳川家康、病没。

1635　徳川家光、将軍となる。

1636　柳生宗矩、大和国柳生藩の大名になる。

伊達政宗、病没。

1637　島原の乱。

1643　宮本武蔵、『五輪書』の執筆を始める。

1645　宮本武蔵、病没。

1646　柳生宗矩、病没。

1651　由井正雪の乱。

1685　徳川綱吉、生類憐みの令。

1716　徳川吉宗、将軍となり、享保の改革開始。

1717　大岡忠相、江戸町奉行に。

1772　田沼意次、老中となる(田沼政治)。

1787　松平定信、老中となる(寛政の改革)。

1804　ロシア使節レザノフ、長崎に来航し通商を要求。

1828　シーボルト事件。

1833　天保の飢饉。

1837　大塩平八郎の乱。

1841　老中・水野忠邦、天保の改革を開始。

1844　オランダ国王、開国を勧告。

1846　アメリカ使節ビッドル、浦賀に来航。通商要求。

1851　島津斉彬、薩摩藩主に。

1853　アメリカのペリーが浦賀に来航。

1853	ロシアのプチャーチンが長崎に来航。
1854	日米和親条約を結ぶ。
	吉田松陰、密航を訴えるが、失敗。
	日露和親条約を結ぶ。
1857	吉田松陰、松下村塾を開く。
1858	島津斉彬、上洛途上で病死。
	井伊直弼、大老に。安政の大獄。
1859	吉田松陰が処刑される。
1860	勝海舟、福沢諭吉ら咸臨丸でアメリカへ向かう。
	桜田門外の変。井伊直弼暗殺される。
	皇女・和宮、降嫁。
1861	土佐勤王党結成。坂本龍馬加盟。
1862	生麦事件。薩摩藩士、英人を殺傷。
1863	薩英戦争。
1864	西郷隆盛、沖永良部島の流刑地から召還。

1864	蛤御門の変。第一次長州征伐。
1865	第二次長州征伐。幕府敗北。
	坂本龍馬、亀山社中結成。
1866	坂本龍馬の斡旋により薩長同盟成立。
	徳川慶喜、将軍となる。
1867	亀山社中、海援隊に改称。船中八策を起草。
	大政奉還。
	坂本龍馬、暗殺される。
1868	戊辰戦争勃発。明治に改元。
1871	廃藩置県。
1873	征韓論を巡って、西郷隆盛、下野。
1876	廃刀令。
1877	西南戦争。木戸孝允、病没。西郷隆盛、戦死。

[参考文献]
名将言行録（PHP 研究所／岡谷繁実）、戦国武将の名言に学ぶ（創元社／武田鏡村）、戦国武将名言録（PHP 研究所／楠戸義昭）、戦国金言手帳（グラフ社／坂本優二）、名将の言葉 武人の生き様と美学 90quotes（パイ インターナショナル／本郷和人）、時代を動かした名将の言葉（PHP 研究所／戦国歴史研究会）、戦国武将 55 の名言（学習研究社／秋庭道博）、歴史を動かした名言（筑摩書房／武光誠）、図説・戦国武将 118（学習研究社／谷口克広・伊澤昭二）、知っておきたい日本の名言・格言事典（吉川弘文館／大隅和雄など）、戦国武将100 選（リイド社／川口素生）、真説「日本武将列伝」（小学館／伊沢元彦）ほか

イラスト　西口雅子
装丁デザイン　宮下ヨシヲ（サイフォン グラフィカ）
本文デザイン　渡辺靖子（リベラル社）
編集　直本文郎（Bering Networks）・渡辺靖子（リベラル社）
編集人　伊藤光恵（リベラル社）
営業　大野勝司（リベラル社）

編集部　堀友香・山田吉之・安田卓馬
営業部　津村卓・津田滋春・廣田修・青木ちはる・澤順二・竹本健志
制作・営業コーディネーター　仲野進

※本書は 2012 年に小社より発刊した『心が熱くなる 名将の言葉』を文庫化したものです

心が熱くなる 武将の名言

2020 年 5 月 30 日　初版

編　集　リベラル社
発行者　隅田 直樹
発行所　株式会社 リベラル社
〒460-0008　名古屋市中区栄 3-7-9　新鏡栄ビル8F
TEL 052-261-9101　FAX 052-261-9134　http://liberalsya.com
発　売　株式会社 星雲社（共同出版社・流通責任出版社）
〒112-0005　東京都文京区水道1-3-30
TEL 03-3868-3275

ISBN978-4-434-27481-7
落丁・乱丁本は送料弊社負担にてお取り替え致します。